leren lezen met
AVI-E3
Carry Slee

Dokter Speur

Met illustraties van
Marjolein Krijger

Tim holt door de straat.

Hij holt heel hard.

Noer holt ook heel hard.

Ze doen wie het eerst bij Pien is.

En bij het hondje.

Eerst had Pien geen hond.

De hond stond opeens voor het hek.

'Ga naar je baas,' zei Pien.

Maar dat deed hij niet.

De hond bleef maar staan.

'Dan ben je van mij,' zei Pien.

Maar dat mocht niet van haar mamma.

'Hij heeft vast een baasje,' zei ze.

'Weet je wat ik ga doen?

Ik hang een brief op.

Dan weet het baasje dat zijn hond hier is.

En dan belt hij ons op.'

'Goed dan,' zei Pien.

Dus haar mamma schreef de brief.

Tim hoopt dat het baasje niet belt.

Noer wil ook dat het hondje er nog is.

Daarom hollen ze zo hard.

Nog één huis en dan kunnen ze het zien.

Maar wat is dat nou weer?

Voor het huis van Pien staat een bord.

Noer kijkt.

Er staan letters op het bord.

Tim leest wat er staat.

'Hier woont Dokter Speur.'

Dokter Speur?

Is de pappa van Pien opeens een dokter?

Noer en Tim snappen er niets van.

Of is de mamma van Pien een dokter?

Of zou Pien een dokter zijn?

'Pien kan geen dokter zijn,' zegt Tim.

'Pien heet geen Speur.'

7

Noer en Tim staan bij het hek.

Daar komt Pien aan.

'Wie wil Dokter Speur zien?' vraagt Pien.

'Ik,' zegt Tim.

'Ik ook,' roept Noer.

'Kom maar mee,' zegt Pien.

Ze loopt door de tuin naar de schuur.

'Hier woont Dokter Speur,' zegt Pien.

Ze klopt op de deur.

'Dok!' roept Pien.

'Dok, ben je daar?'

Ze doet de deur op een kier.

Pien gluurt in de schuur.

'Ja, Dok is er,' zegt ze.

Tim en Noer gaan de schuur in.

Maar waar is de dokter dan?

Ze zien alleen het hondje.

'Dit is Dokter Speur,' zegt Pien.

Noer vraagt: 'Hoe kan dat nou?

Een hond is toch geen dokter?'

'Dan was ik ziek,' zegt Tim.

'En dan lag ik in bed.

Dan belde de hond aan.

En die holde de trap op.'

Noer lacht. 'En dan blafte hij.

En hij rende om je bed heen.'

'Ja,' zegt Tim.

'En dan likte hij mijn neus.

En ik was niet meer ziek.'

'Of je kreeg een prik,' zegt Noer.

'Dan moest je bil bloot.

En dan beet de hond in je bil.'

Tim en Noer liggen slap van de lach.

Maar Pien vindt er niets aan.

'Hij is niet echt een dokter,' zegt Pien.

'Hij is Dokter Speur, dat staat er toch.

En weet je waarom hij zo heet?

Zijn neus ruikt heel goed.

Weet je nog, toen mijn bal weg was?'

Tim en Noer knikken.

Pien had een bal

en opeens was die weg.

'Kijk eens wat daar ligt?'

Pien wijst naar de grond.

Nu zien Noer en Tim het.

Op de grond ligt de bal van Pien.

'Mamma wist niet waar hij was,' zegt Pien.

'En pappa kon hem ook niet vinden.

En wie vond de bal wel?

Dokter Speur, dus…

Snap je nu waarom hij Dokter Speur heet?'

Tim knikt.

'Dat is heel knap,' zegt hij.

Maar Noer weet het nog niet.

'Ik wil het eerst zien,' zegt ze.

'Mij best,' zegt Pien.

Ze gaat het huis in.

Na een tijdje komt ze terug.

'Kijk eens wat ik heb?'

Pien heeft een pop in haar hand.

'Dokter Speur moet ruiken aan de pop.

Dan stop ik de pop weg.

En dan moet de hond op zoek.'

Pien houdt de pop voor het hondje.

'Ruik maar, Dok,' zegt ze.

'Ruik maar goed aan de pop.'

Hap! Dokter Speur bijt in de pop.

Pien wordt niet boos.

'Je ruikt goed, Dok,' zegt ze juist.

Tim en Noer moeten lachen.

'Dokter Speur ruikt écht goed.

Hij ruikt er zo een arm af!' zegt Noer.

'Die arm geeft niets,' zegt Pien.

'Die pop is toch stom.

Nu is het klaar, Dok,' zegt ze dan.

Pien pakt de pop zonder arm af.

Maar Dokter Speur bijt nog eens in de pop.

Hij schudt de pop heen en weer.

Dat doet hij heel wild.

Hij gromt er ook bij.

'Laat los, Dok!' roept Pien.

En dan… laat Dok de pop los.

De pop valt op de vloer.

Pien pakt de pop op.

Pien holt weg met de pop.

'Dok mag niet zien waar ik haar stop.'

O jee, Dok is wel heel snel.

Hij is al bij de deur.

'Hou Dok dan vast!' roept Pien.

Tim tilt Dok op.

Noer doet snel de deur dicht.

Pien rent door de tuin.

Ze legt de pop onder een struik.

'Zoek, Dokter Speur!' roept Pien.

Daar komt Dokter Speur al aan.

Hij holt door de tuin.

'Zoek, Dok!' roept Pien. 'Zoek de pop!'

Dokter Speur ruikt aan het gras.

Maar niet aan de struik.

'Zoek, Dok!' roept Pien weer.

Dokter Speur graaft bij de boom.

Hij graaft en graaft.

En dan heeft hij iets in zijn bek.

'Dat is mijn pen!' roept Pien.

'Wat knap, Dok.

Die was ik al heel lang kwijt.

Je bent erg knap.'

Dat vindt Tim ook.

Maar Noer weet het nog niet.

'De pop zoekt hij niet,' zegt ze.

Pien zucht. 'Denk nou eens na.

Ben ik de pop soms kwijt?'

'Nee,' zegt Noer.

'Die ligt onder de struik.'

'Maar mijn pen was ik wel kwijt,' zegt Pien.

'En de bal ook, al heel lang.'

Nu snapt Noer het ineens.

Dokter Speur zoekt alleen iets wat kwijt is!

Nu vindt Noer de hond ook heel knap.

Pien doet Dokter Speur aan de riem.

'Kom mee, we gaan met hem uit.

Er is vast nog veel meer kwijt.'

Ze gaan met Dokter Speur door het hek.

Op de stoep staat Saar.

'Dag hondje,' zegt Saar.

'Hij heet geen hondje,' zegt Pien.

'Hij heet Dokter Speur.

Hij spoort alles op.

Ben je soms iets kwijt?'

'Ik niet, maar Koen wel,' zegt Saar.

'Koen is zijn hond kwijt.'

'Hoor je dat, Dok?' vraagt Pien.

'Je moet op zoek naar de hond van Koen.

Hoe heet die hond?' vraagt Pien.

'Zonder naam lukt het niet.'

'De hond heet Bas,' zegt Saar.

'Hoe ziet Bas eruit?' vraagt Pien.

Maar dat weet Saar niet.

'Koen zit in mijn klas,' zegt Saar.

'Vandaag huilde hij heel hard.

Juf vroeg wat er was.

Toen zei Koen: "Bas is weg."'

'Koen heeft geluk,' zegt Pien.

'Want Dokter Speur woont bij mij.'

Tim zegt: 'Hij heeft heel veel geluk.'

En dat vindt Noer ook.

'Dokter Speur zoekt Bas wel,' zegt Tim.

'Vertel dat maar aan Koen.

Het komt goed.

Straks heeft hij Bas weer.'

'Zoek, Dok!' roept Pien.

'Zoek Bas van Koen!'

En daar gaan ze.

'Mag ik mee?' vraagt Saar.

Pien schudt haar hoofd.

'Nee, dat gaat niet.

Dokter Speur kent jou niet.

Hij kent alleen mij en Tim en Noer.'

En Pien loopt weer door.

Dokter Speur ruikt heel goed.

Hij weet vast waar Bas is.

Hij trekt aan de riem.

Pien houdt hem goed vast.

Ze holt met Dokter Speur mee.

Tim holt en Noer ook.

Pien roept: 'Spoor Bas op!'

Dokter Speur trekt Pien de hoek om.

Hij rent wel heel erg snel.

Hij trekt Pien voort.

En sleurt haar de weg op.

'Pas op, Dok!' gilt Pien.

'Daar is een man op een fiets!'

Maar Dokter Speur holt door.

Tring! De man belt.

Maar Pien kan niet stoppen.

De man valt bijna om.

'Pas op!' roept hij.

'Kijk toch uit!'

'Ik kan er niets aan doen!' gilt Pien.

'Het komt door Dokter Speur.

Hij spoort Bas op.'

Dokter Speur holt door.

Dus moet Pien ook hollen.

En Tim en Noer rennen mee.

Nu hollen ze weer op de stoep.

Dokter Speur trekt Pien een straat in.

In die straat is een plein.

Daar staat een groot klimrek.

Dat vinden ze leuk.

Maar nu kunnen ze niet klimmen.

Dokter Speur moet Bas vinden.

Ineens staat het hondje stil.

Zijn staartje gaat heen en weer.

Ze staan voor een huis.

'Waf! Waf!' blaft Dokter Speur.

Pien hijgt: 'Goed zo, Dok.

Jij ruikt Bas.'

Pien kijkt naar de bel.

De bel is heel hoog.

Ze kan er niet bij.

Pien maakt zich heel lang.

Ze rekt en rekt.

Haar hand raakt de bel.

Ze drukt... Ring!

Het duurt lang.

Dan gaat de deur op een kier.

Pien ziet een pet.

De pet is vuil.

Onder de pet zit zwart haar.

Ze ziet ook een neus en een mond.

'Bas is hier,' zegt Pien.

'Weet je hoe ik dat weet?

Door Dokter Speur.'

De pet kijkt blij.

'Bas is van Koen,' zegt Pien.

De pet knikt.

Nu komt er een hand door de kier.

De hand grijpt de riem.

'Geef hem maar hier,' zegt de pet.

'Nee,' zegt Pien, 'ik wil Bas.'

'Die krijg je niet,' zegt de pet.

'Bas is van mij.'

'Niet waar!' zegt Pien.

'Bas is van Koen en dat weet je best.'

'Maar ik ben Koen,' zegt de pet.

Pien kijkt naar de pet.

Tim kijkt en Noer ook.

Zit Koen onder de pet?

Pien snapt er niets van.

'Ben je Bas dan niet kwijt?'

'Eerst was Bas kwijt,' zegt Koen.

'Maar nu niet meer.'

'Mag ik Bas dan zien?' vraagt Pien.

Koen lacht: 'Die zie je toch al?

Bas staat naast je.'

'Dat is Bas niet,' zegt Pien.

'Dat is Dokter Speur.'

'Nee,' zegt Koen, 'dat is Bas.'

Koen maakt de riem los.

'Dank je wel,' zegt hij.

Koen neemt Dokter Speur mee.

De deur valt dicht.

Daar staan Pien, Tim en Noer.

Zonder Dokter Speur.

Ze zijn er stil van.

'Ik vind het stom,' zegt Pien.

Noer en Tim knikken.

Ze gaan maar naar huis.

Ze zeggen niets.

Opeens blijft Pien staan.

'Weet je?' zegt ze trots.

'Het is niet stom.

Dokter Speur vindt wat kwijt is.

Hij was zijn huis kwijt.

En nu heeft hij zijn huis weer.

Dat is toch knap!'

Nu zijn Noer en Tim ook trots.

Dan zijn ze bij het huis van Pien.

Het bord staat er nog.

Pien veegt de letters uit.

Ze pakt krijt.

En zet iets anders op het bord.

Noer leest wat er staat.

'Hoera! Dokter Speur heeft een prijs!'

Wil je meer lezen van Carry Slee?
Kijk op www.carryslee.nl

ISBN 978 90 499 2031 9
NUR 287

AVI-E3 CLIB-3

Zevende druk, 2008

Tekst © 2005 Carry Slee en Foreign Media Books BV, Amsterdam
Illustraties © 2005 Marjolein Krijger
Omslagontwerp Marieke Oele
Zetwerk ZetSpiegel, Best

www.carryslee.nl

Carry Slee is een imprint van Foreign Media Books BV,
onderdeel van de Foreign Media Group